...IÈQUE DES VOYAGEURS

HENRY MURGER

LE ROMAN

DE

TOUTES LES FEMMES

ML

PARIS

MICHEL LÉVY FRÈRES, ÉDITEURS

RUE VIVIENNE, 2 BIS

1854

LE ROMAN

DE TOUTES

LES FEMMES

PARIS. — TYP. SIMON RAÇON ET COMP., RUE D'ERFURTH, 1.

LE ROMAN

DE TOUTES

LES FEMMES

PAR

HENRY MURGER

PARIS

MICHEL LÉVY FRÈRES, ÉDITEURS

RUE VIVIENNE, 2 BIS.

—

1854

LE ROMAN

DE TOUTES

LES FEMMES

I

LE BOUDOIR

Lee boudoir de madame la comtesse Césarine de
Rouvres était à la fois le plus singulier et le plus
charmmant boudoir qui fût au faubourg Saint-Ger-
main, de la rue de Varennes à la rue de Vaugirard.

Siftué dans une partie solitaire et reculée de l'appartement qui donnait sur un de ces immenses jar-

dins épargnés jusqu'ici par la spéculation, qui met
des murs partout où il y avait des arbres et remplace le gazon par des pavés, ce réduit discret et
silencieux avait été disposé fraîchement, d'après les
dessins d'un des plus gracieux artistes de ce temps-
ci ; et, pour complaire à la pensée ordonnatrice, il
avait dû sans doute demeurer dans des limites bien
restreintes pour la vivacité et le caprice de sa fan-
taisie. Étroit comme un lieu où l'on ne doit jamais
être plus de deux, — sauf l'accident d'un tiers, —
ce boudoir était éclairé par une seule fenêtre dont
les glaces dépolies ne laissaient pénétrer qu'une
lumière blanche et mate qui s'harmonisait parfaitement avec la tenture gris-perle, et le meuble en
citronnier, garni de damas bleu triste.

La cheminée qui servait à ne pas faire de feu,
car elle était masquée en toute saison, était en marbre blanc, non poli, et semblait, dans ses propor-
tions, le portique réduit d'un temple athénien.

Ainsi que cela se voit souvent, cette cheminée ne
faisait ni chapelle, ni musée, où s'étalent dans un
artistique désordre les curiosités et les riens appor-
tés par un caprice de la mode, et remportés le lendemain par un autre. On n'y voyait ni émaux, ni
vases de Saxe et de Sèvres, ni cristaux de Bohème

ou de Venise, ni coupes étrusques où de roides figures se promènent à la queue leu leu, en profilant
leur silhouette rouge sur un fond noir. L'amateur de
chinoiseries y aurait vainement cherché ces grands
pots pétris d'azur, et ces laques vernies où des man-
darins en or pêchent des poissons d'argent dans
une mer de cobalt.

On n'y voyait non plus ni fétiches indiens, ni fruits
pétrifiés, ni oiseaux empaillés, ni bronzes, ni bis-
cuits, ni paniers d'écaille, ni billets de spectacle,
ni billets de concert, ni billets de loteries, ni billets
d'amour.

Cette cheminée était simplement ornée d'une
pendule en marbre blanc, dont le modèle original
avait été demandé au ciseau grec d'un statuaire
moderne, ainsi que deux figures qui complétaient
l'ensemble et se reflétaient dans une grande glace à
biseau, encadrée par de simples baguettes d'ébène
où courait une niellure d'argent. Le plafond de cette
pièce circulaire était creusé en dôme, et entouré
d'une frise en bois sculpté, figurant une guirlande de
fleurs d'un fini précieux : à droite et à gauche de la
porte, où se drapait une portière en velours blanc, bro-
ché d'un dessin d'argent, fleurissaient dans des jardi-
nières en forme de corne d'abondance d'énormes

bouquets de camellias, — fleurs pâles et inodores,
que, par leur blancheur naturelle, et peut-être aussi
par le voisinage des marbres, on aurait pu croire
pétrifiées.

Au-dessus de la causeuse, étaient suspendues
dans des cadres pareils à celui de la glace les gra-
vures avant la lettre des *Deux Mignons* d'Ary
Scheffer, le seul peintre qui ait su traduire fidè-
lement ce mélancolique duo de l'espérance et du
regret.

Le tapis, — une des plus merveilleuses produc-
tions de l'industrie indienne, — avait été acheté
dans un bazar d'Ispahan; sourd au point qu'on s'y
entendait à peine marcher, il était tissu d'une
épaisse laine blanche semée de bouquets d'azur;
on eût dit la lutte du printemps et de l'hiver, —
les violettes sous la neige.

En entrant dans ce lieu, qu'embaumait un vague
parfum de gynécée, on ressentait d'abord une impression de froid suivie d'un éblouissement pareil à
celui qu'on éprouve en passant subitement d'un lieu
obscur à un lieu éclairé. Et, malgré la transparence
du jour, tous les objets paraissaient tellement con-
fondus dans la teinte générale, qu'il fallait regarder
pendant quelque temps, avant de pouvoir distin-

guer si l'on était dans une habitation humaine, ou au milieu d'un nuage fantastique servant de prison à un clair de lune.

Certes, il fallait qu'une femme fût effrontément blonde pour oser demeurer dans un pareil lieu.

Mais notre héroïne est brune, et la blancheur immaculée de cet intérieur chapelle de la Vierge, ces fonds uniformes qui eussent jeté en extase M. Ingres et son école, tout cela avait sans doute été disposé par la science du contraste, et devait servir uniquement à mettre en valeur une figure de l'école vénitienne.

Maintenant que nous connaissons l'écrin, — voyons la perle !

Justement, voici notre héroïne qui entre avec la majestueuse lenteur d'une déesse en promenade sur les nuages. Elle est entièrement vêtue de blanc ; sa robe, amplement étoffée, se drape en grands plis d'un beau style, et rappelle, par sa coupe, la forme des tuniques des dames romaines avant l'invasion des modes de l'Attique. Un réseau de bandelettes blanches emprisonne son opulente chevelure, dont l'ébène semble encore humide d'un parfum lustral. En la voyant ainsi paraître, un poëte aurait pu se croire transporté en pleine my-

thologie, et prendre la comtesse pour une immor-
telle échappée de l'Olympe.

Tandis qu'elle se penche vers son miroir pour se
faire dire un madrigal, ce serait le moment favora-
ble pour tracer son portrait; mais un tel modèle
voudrait un autre peintre. Nous dirons seulement
que madame Césarine possède un genre de beauté
qu'on pourrait appeler éclectique, et où se réunis-
sent en un accord parfait trois types opposés; la
vivacité méridionale, la nonchalante rêverie germa-
nique et la grâce française. Le portrait moral offre
à peu près la même réunion singulière d'antithèses,
car la comtesse est à la fois tendre comme Juliette,
sentimentale comme Marguerite, et coquette comme
Célimène, — enfin très-femme.

Quant à son boudoir, il n'était pas seulement
une mise en scène disposée pour mieux mettre sa
beauté en relief; d'ailleurs, elle y était toujours
seule ; l'entrée en était interdite à tout le monde,
même à sa femme de chambre, qui avait reçu à
cet égard des ordres positifs. Si pendant les heures
qu'elle y passait soigneusement enfermée, il lui venait quelque visite, les domestiques devaient ré-
pondre que madame était sortie. L'un d'eux ayant
un jour, par oubli, mis sa maîtresse dans la nécessité

de passer au salon pour recevoir son oncle qui avait
insisté pour la voir, il fut renvoyé sur-le-champ sans
miséricorde.

Cette chambre était donc plus qu'une chambre
ordinaire?

En effet, pour la comtesse, c'était un lieu consacré que ne devait profaner nulle présence étrangère: c'était un temple.

Mais à qui était-il édifié? Était-ce à un regret ou
à une espérance?

A un regret sans doute; car madame Césarine
n'y entrait jamais sans qu'un nuage s'étendît sur
son visage, et elle en sortait plus triste encore
qu'elle y était entrée; souvent même cette tristesse
se résolvait en larmes, et, si les murs n'eussent été
à l'épreuve de toute indiscrétion, on aurait pu entendre les sanglots mal comprimés qui s'échappaient
de la poitrine de la comtesse, et alternaient pendant
des heures entières avec les interjections douloureu-
ses qui sortaient de ses lèvres.

A qui donc était adressée l'offrande de ces larmes
solitaires? Pourquoi cette douleur mystérieusement
voilée d'un voile blanc?

Madame la comtesse Césarine de Rouvres était
veuve.

Veuve en effet; mais depuis un an son deuil était légalement expiré, et, au dire de tous, le défunt ne méritait pas une prolongation de douleur au delà du terme officiel. Son union avec la comtesse avait été de celles qu'on appelle si improprement mariage de raison, ou, par une antiphrase plus ironique encore, mariage de convenance. Quelle raison et quelle convenance offre, je vous prie, l'union d'un homme brisé, blasé, caduc, avec une jeune fille qui ne demandait pas encore à devenir une jeune femme, et préférait les pralines aux bijoux, et les charades aux compliments? Pourquoi unir cette aube à ce déclin, cette grimace à ce sourire, cette voix qui tousse à cette voix qui chante?

Enfin, un matin, on vint chercher mademoiselle Césarine de Neuil dans son couvent, et elle interrompit une partie de raquettes commencée pour aller passer à son doigt l'anneau de M. le comte Sylvain de Rouvres, qui la laissa veuve au bout d'un an.

En vérité, c'était moins que jamais le cas de renouveler l'inconsolable douleur d'Artémise, cet antique modèle de la fidélité conjugale; d'ailleurs, cette fidélité n'est plus dans nos mœurs : aujourd'hui la femme du roi Mausole lui ferait peut-être encore bâtir un monument, — mais elle épouserait l'architecte.

Au reste, madame la comtesse de Rouvres ne pleurait pas un mort.

Après l'événement qui l'avait laissée veuve, elle avait obéi aux convenances sans feindre une affliction qui n'était pas motivée et dont personne n'eût été la dupe. Au bout d'un an, elle avait rouvert son salon et avait reparu dans le monde, ou plutôt elle y avait fait son entrée; car tout le temps qu'avait duré son union avec M. de Rouvres, elle avait été forcée de subir un tête-à-tête presque continuel avec la mauvaise humeur et l'égoïsme brutal de ce vieillard qui se sentait mourir.

Présentée à la société parisienne par son oncle, M. de Neuil, madame la comtesse de Rouvres avait été sur-le-champ considérée comme une rivale par les femmes de toutes les aristocraties, et la lutte avait commencé, tantôt courtoise, tantôt hostile. Mais, au bout d'un an, soit qu'elle se déclarât vaincue, soit qu'elle renonçât à la royauté de l'élégance et de l'esprit, madame de Rouvres disparut tout à coup du monde, et quoi qu'on pût faire, il fut impossible de découvrir sa retraite.

Cette disparition causa un bruit énorme : c'était

pendant l'été, la morte saison du scandale, et il y avait deux jours que les oisifs vivaient sur la même médisance ; la fuite de la comtesse arrivait donc à propos : c'était un nouveau thème à broder, et certes il ne manqua pas de brodeuses. Les courriers de Paris parlèrent de l'événement ; mille suppositions furent émises, discutées, et tour à tour acceptées ou repoussées ; on imagina tout ce qui était le plus imaginable et tout ce qui l'était moins. Les meilleures amies de la comtesse entreprirent sa défense ; — dès lors elle fut perdue dans l'opinion. On vit siffler la calomnie, et l'envie ricaner en montrant ses grandes dents ; enfin, comme on ne pouvait deviner au juste le motif de cette fuite soudaine, on inventa, et à la majorité de toutes les boules — brunes et blondes — il fut décidé que madame de Rouvres avait une intrigue et qu'elle voulait la tenir dans le mystère ; — ce qui semblait extraordinairement excentrique à quelques-uns — et surtout à quelques-unes.

Cependant, comme cette intrigue, si elle existait, n'était préjudiciable à personne ; comme madame A... reçut tous les jours, à quatre heures, une visite accoutumée ; que madame B... rencontrait deux fois par semaine au Bois un cheval bai-

brun qui s'obstinait à marcher près de sa voiture,
et que madame C... ne pouvait entrer dans un salon ou dans un théâtre sans être saluée par un gilet
blanc qui la suivait comme son ombre; qu'enfin,
après une soigneuse revue, on put se convaincre de
toutes parts qu'il n'y avait dans toute cette affaire
qu'une rivale de moins, les paniques causées par
la fuite soudaine de la comtesse se calmèrent peu à
peu, et, huit jours plus loin, son aventure était complétement oubliée, pour l'enlèvement récent d'une
baronne maigre et aigre.

Ce fut quelque temps après tout ce bruit que
madame de Rouvres fit préparer cette blanche cel-
lule où nous venons de la voir entrer tout à l'heure,
et où elle vient tous les jours, comme elle le fait
encore aujourd'hui, isoler sa douleur, et mouiller de
ses larmes une lettre entourée d'un filet noir et si-
gnée de ce nom vulgaire : Antoine.

II

L'IMBROGLIO

— Julie, annoncez-moi à votre maîtresse.

— Madame est sortie, monsieur.

— Son piano que j'entends me dit que vous mentez, ma chère.

— Mais, monsieur, madame ne reçoit personne, elle a sa migraine.

— Elle la renverra; — allez m'annoncer.

— Mais, pourtant, monsieur, mes ordres...

— Ah! dit M. de Neuil impatienté, voilà bien des affaires! Au fait, ne m'annoncez pas si vous ne le voulez; je n'ai pas besoin de faire tant de cérémonies avec ma nièce.

Et, repoussant la camériste fidèle observatrice de sa consigne, M. de Neuil traversa l'appartement, et, sans s'annoncer d'aucune façon, il entra subitement dans le petit salon où se tenait alors madame de Rouvres.

En entendant ouvrir la porte, la jeune femme fit un bond de biche effarée, et glissa précipitamment dans son corsage un papier qu'elle était en train de lire.

—Très-bien, dit en lui-même M. de Neuil, à qui une glace indiscrète venait de trahir le geste fait par madame Césarine.

— Ah! c'est vous, mon oncle! fit celle-ci avec un air languissant.

— Vous paraissez souffrante, ma nièce?

— Oui, j'ai ma migraine.

— Aujourd'hui mardi. —Tiens! vous avez donc changé vos jours?

—Vous êtes cruel avec vos plaisanteries, mon oncle : — je souffre très-sérieusement.

— Alors si cela est sérieux, ma nièce, je vous enverrai mon médecin, un homme très-habile, qui vous guérira si vous êtes malade, — et même si vous ne l'êtes pas, ce qui est bien plus difficile.

— Voilà un homme précieux. Comment s'appelle-t-il, votre médecin?

— Le docteur Anto...

3

— Antony, interrompit vivement la comtesse.

— Antony, si vous voulez, moi je l'appelle Antoine, répondit M. de Neuil en remarquant les roses couleurs dont venait de s'empourprer le visage de sa nièce. — Eh bien, voulez-vous que je lui fasse dire de venir?

— C'est inutile, mon oncle.

— Vous avez tort, ma chère enfant ; tenez, rien que son nom prononcé devant vous semble apporter du soulagement à votre mal. Que serait-ce donc s'il venait lui-même !

— J'ai mon médecin, mon oncle.

— Soit ; — quand vous en voudrez changer, je vous recommande le docteur...

— Le docteur Antoine ?

— Non, — Antony, puisque vous préférez ce nom-là.

Madame Césarine baissa les yeux.

Sans paraître remarquer l'embarras de sa nièce, M. de Neuil avança son fauteuil près de la cheminée, et commença à tracasser le feu avec les pincettes.

— Ma nièce, dit-il, — puisque vous êtes malade et que vous ne pouvez sortir, je vous tiendrai compagnie ; vous ferez mettre deux couverts, je dinerai

avec vous, et nous passerons la soirée ensemble. Oh !
ne me remerciez pas ; je sais combien on s'ennuie
quand on se trouve isolé dans l'état où vous êtes.
Moi-même, quand j'ai ma goutte, je suis bien aise
d'avoir un peu de compagnie pour me distraire et
me faire oublier mon mal. Pourquoi donc ne ferais-
je pas pour vous ce que vous avez fait si souvent
pour moi ?

— Je vous remercie bien, mon oncle ; mais c'est
aujourd'hui la soirée de madame Dalpuis, et je ne
voudrais point vous priver d'y assister ; — d'ailleurs
votre absence la fâcherait.

— Ma vieille amie me pardonnera quand elle
saura que je suis resté auprès de vous.

— Je ne le pense pas ; — elle sera au contraire
furieuse de ne pas vous avoir pour faire son wisth.

— Son cousin le chevalier me remplacera.

— Pourtant, mon oncle...

— Écoutez, ma nièce, dit M. de Neu'l, soyons
francs tous deux, et trêve de diplomatie. Vous voulez que je m'en aille, et moi je veux rester ; je ne
sortirai d'ici que si vos gens me mettent à la porte.
D'ailleurs je ne suis pas venu pour rien, et vous pré-
voyiez sans doute quel motif devait m'amener chez
vous, puisque vous vouliez éviter ma présence.

— Oh! mon oncle...

— J'ai de graves reproches à vous faire, madame.

— Des reproches, à moi?

— Sans doute, à vous, et vous les méritez, répondit M. de Neuil. Vous m'avez pris pour un oncle de comédie, et avez agi avec moi comme si vous étiez mon neveu, au lieu d'être ma nièce; mais je vous préviens que je ne suis pas d'humeur à me laisser berner comme les Gérontes du théâtre classique.

— Ah! mon Dieu! que voulez-vous dire? demanda madame Césarine en joignant les mains; vous me mettez au comble de l'étonnement.

— Il est inutile de feindre, ma nièce, je sais tout; continuer à nier serait aggraver votre faute, tandis qu'un aveu sincère peut vous mériter mon indulgence.

— Mais, encore une fois, fit la comtesse, que dois-je nier? que dois-je avouer? Instruisez-moi; car, si vous savez tout, moi je ne sais rien, absolument rien.

— Vous travaillez à me fâcher sérieusement, dit M. de Neuil: j'étais venu ici disposé à vous pardonner; mais votre coupable obstination m'oblige à une

sévérité que mon cœur repousse, mais que mon devoir ordonne. Ainsi vous persistez à nier?

— Mon oncle, je vous assure que vous allez me
rendre folle si vous continuez cette étrange plai-
santerie, que je ne puis comprendre. Pour Dieu, je
vous en supplie, dites-moi un mot, un seul mot,
qui puisse me mettre sur la trace de cette étrange
énigme.

— Soit, dit M. de Neuil; vous ne demandez
qu'un mot; — je vous en dirai quatre : — vous allez vous marier !

— Moi! s'écria madame de Rouvres; qui vous a
dit cela?

— Tout le monde, — excepté vous, — et c'est
ce dont je me plains.

— Qu'est-ce que cela signifie?

— Cela signifie, ma nièce, que vous avez absolument méconnu mes bontés en ne m'instruisant pas
de l'intention où vous étiez. — Que pouviez-vous
craindre, je vous prie? Pouvais-je m'opposer à ce
mariage, étant, comme il est, sortable de tous
points? Pourquoi conduire mystérieusement une affaire qui pouvait se mener au grand jour? Que si-
gnifient toutes ces allures de roman? A quoi bon
éveiller les oisivetés en quête de scandale? A quoi

bon tout cela? N'êtes-vous pas libre? Quel obstacle pouvait s'opposer à ce que vous donnassiez publiquement votre main à l'homme que vous en croyez digne et qui l'est en effet? — La démarche qu'il vient de faire près de moi me le prouve.

— Mon oncle, dit madame de Rouvres étrangement émue, si vous parlez sérieusement, je suis la plus malheureuse des femmes; et, si mon frère était en France, je le supplierais de me venger des infâmes qui osent ainsi jouer avec mon nom, que jusqu'ici ma conduite a gardé pur de tout soupçon.

— Mais, encore une fois, ma nièce, quand je vous assure que je sais tout; — quand je vous affirme que j'ai vu votre futur mari; — quand je vous dis son nom!

— Mais quel nom, mon Dieu! dites donc vite! s'écria la comtesse.

— Pourquoi me le demander? vous le savez mieux que moi.

— Mon oncle, on vous a menti; — je suis le jouet d'une odieuse machination dont je ne comprends pas encore le but.

— Mais j'ai vu chez votre futur la corbeille de mariage qu'il vous destine; j'ai vu les lettres de faire part toutes prêtes à être envoyées, car votre

époux veut rompre tout mystère. — Eh ! parbleu !
ajouta M. de Neuil en se retournant vers un magnifique tableau représentant les *Adieux de Roméo
et de Juliette,* niez donc encore. Après avoir vu
votre portrait chez lui, voici que je vois le sien
chez vous, à la place qu'occupait celui de M. de
Rouvres... Cela est-il assez significatif, et que faut-
il de plus pour constituer l'évidence ?

— Mensonge !... mensonge !... continua madame
de Rouvres.

— Ah ! pour le coup, dit M. de Neuil, ceci est
trop fort, et votre persistance m'indique clairement
que vous tenez absolument à ce que je demeure
étranger à cette nouvelle alliance. — Eh bien, soit,
je ne m'en mêlerai pas : seulement, comme aux
yeux du monde, je ne veux point passer pour l'i-
gnorer, si je n'assiste pas à votre mariage, j'enverrai au moins ma voiture à la cérémonie.

— Mon oncle, mon oncle, vous me rendez folle !

— Ma nièce, vous n'avez pour moi ni respect ni
amitié, et, si n'était point par considération pour
votre futur mari, que j'estime beaucoup, je vous
déshériterais.

Et, ayant dit, M. de Neuil prit son chapeau et
sortit.

— Julie, dit-il à la femme de chambre qu'il rencontra, courez chez votre maîtresse, qui vous attend pour se trouver mal.

III

LE QUIPROQUO

Une heure après avoir quitté sa nièce, M. de Neuil descendait de voiture rue des Martyrs, à la porte d'une maison d'assez pauvre apparence.

— Monsieur Antoine est-il chez lui? demanda M. de Neuil au concierge.

Et, sur la réponse affirmative, il monta avec rapidité les cinq étages d'un escalier roide et obscur qui conduisait à un labyrinthe de corridors, sur lesquels ouvraient une douzaine de chambres.

— Quelle idée de venir loger ici, quand on a un des plus coquets appartements de Paris? pensa M. de Neuil en frappant discrètement deux coups à une porte où était fixée une carte de visite indiquant ce nom :

LE DOCTEUR ANTOINE.

Au bout de quelques instants, un jeune homme vint ouvrir.

— Quoi! c'est vous, monsieur? dit-il avec surprise en apercevant M. de Neuil.

— Oui, c'est encore moi, répondit M. de Neuil en entrant dans une petite pièce froide, au sol humide, au plafond bas et lambrissé, et mal éclairée par le jour avare qu'elle recevait d'une petite fenêtre de forme dite guillotine. Cette chambre, garnie d'un mobilier des plus humbles, était alors dans le plus grand désordre; les tiroirs des meubles étaient ouverts et à moitié vides, à terre, au milieu de plusieurs paquets qui semblaient avoir été préparés en hâte; et à côté d'un sac de voyage gisait une grande malle fermée d'un cadenas, et sur laquelle était clouée une carte de visite pareille à

celle de la porte d'entrée. D'un coup d'œil, MM. de
Neuil vit qu'il ne s'agissait pas d'un déménagement,
mais d'un voyage; un papier ouvert qu'il apperçut
sur la cheminée, et qu'il reconnut pour être un pas-
se-port, le confirma dans l'idée qu'il venait d'avoir.

— Bien décidément vous partez, Antoine? demanda M. de Neuil en s'asseyant sur un fauteuil
d'une élasticité douteuse.

— Je pars, répondit le jeune homme.

— Quand?

— Ce soir même.

— Les motifs qui vous obligent à partir sont-ils
vraiment si importants que vous ne puissiez attendre
quelques jours encore?

— A quoi bon attendre? dit Antoine, j'ai trop
attendu déjà; voici deux mois que je devrais avoir
quitté Paris. — Oh! pourquoi suis-je venu? ajouta-
t-il en se frappant le front.

— Voilà un garçon qui joue trop bien la comédie pour que je ne lui donne pas la réplique, se
dit à lui même M. de Neuil. Tout ceci pourrait devenir bien réjouissant — ou bien triste, si je ne
m'en mêle; car, en voulant jouer avec le feu, voilà
deux êtres qui se sont brûlés. Mon Dieu, comme les
jeunes gens d'aujourd'hui se donnent de la peine

pour se rendre malheureux! Ils préfèrent les sou-
cis qui durent aux roses qui passent, les lueurs de
la lune au clair du soleil, l'automne au printemps;
et, en le mettant à ce beau régime, ils ont métamor-
phosé l'Amour en un ange poitrinaire et timide,
qui retire son bandeau pour mieux pleurer, et
change son carquois contre une violoncelle. — Ah!
continua M. de Neuil en poursuivant ses réflexions,
ce n'était pas ainsi de mon temps, et madame Tal-
lien m'aurait eu bien vite renvoyé si je m'étais présenté à ses soupers avec une pareille mine, ajouta
le vieillard épicurien en regardant Antoine, qui
était demeuré debout devant lui, le visage pâle et
fatigué, et s'efforçant de comprimer l'angoisse intérieure qu'il ressentait. Mais, reprit M. de Neuil en
achevant son monologue, tout cela va finir, et je
leur ménage un dénoûment de ma façon et auquel
ils ne s'attendent pas; — voilà assez de roman
comme ça. — Vous avez donc bien souffert, Antoine? dit M. de Neuil tout haut.

— Et j'ai sans doute encore longtemps à souffrir.

— Oui, surtout si vous faites comme ces malades
qui rouvrent leurs blessures pour retarder leur
guérison. — Je n'approuve pas votre départ, moi...

— Vous me l'avez conseillé cependant.

— Autrefois, oui ; — maintenant, non.

— Je partirai pourtant ; — il le faut, d'ailleurs.

— Il le faut, cela peut être contesté, reprit M. de Neuil. Nul autre que vous-même ne vous oblige à ce départ.

— Si, monsieur, reprit Antoine. Hier encore, mon repos... l'intérêt de mon avenir... l'espérance que j'avais de trouver en d'autres lieux l'oubli de mon amour, tout cela me conseillait de quitter Paris. Aujourd'hui, c'est plus que tout cela qui me rappelle dans mon pays. Hier, je n'aurais été qu'imprudent en restant ; aujourd'hui je serais coupable.

— Que voulez-vous dire ? fit M. de Neuil d'un air très-étonné.

— Tenez, monsieur, répondit Antoine en tirant de sa poche une lettre qu'il mit entre les mains du vieillard, lisez.

— Ah bah ! s'écria M. de Neuil, c'est fort triste en effet. Eh ! mais, ajouta-t-il mentalement, voilà une élégie qui tourne au drame, on y meurt. Que signifie l'introduction de ce nouveau personnage ? Au point de vue dramatique, c'est assez heureux d'invention ; mais, que diable ! encore une fois, voilà assez de comédie, il faut en finir. — Non, — voyons un peu s'il jouera froidement son rôle jusqu'au bout.

— Antoine, reprit M. de Neuil, après l'événement que vous annonce cette lettre, je comprends, en effet, que votre départ soit indispensable ; mais je vous conseille de le retarder d'un jour seulement. Écoutez-moi, et asseyez-vous : je suis venu vous apprendre une grande nouvelle.

— Quelle nouvelle !

— J'ai retrouvé mademoiselle Césarine.

— Elle n'en est pas moins perdue pour moi.

— En effet, — mademoiselle Césarine est perdue pour vous, car elle n'était pas ce qu'elle paraissait être.

— Je le savais, dit Antoine.

— Vraiment. Quoi ! vous saviez...

— Que j'ai été le jouet d'une patricienne ennuyée, qui a voulu se distraire un moment, et dont le caprice a brisé mon cœur, détruit mon avenir, et qui serait bien heureuse, sans doute, si elle savait qu'elle a fait deux victimes au lieu d'une ; — car, à l'heure qu'il est, peut-être, ajouta Antoine, une tombe s'ouvre pour son innocente rivale, que j'ai oubliée — et qui se souvenait, elle !...

— Allons, se dit M. de Neuil, il a fort bien dit sa tirade, et l'acteur a parfaitement secondé l'auteur... Encore une épreuve.

— Eh bien, Antoine, je viens vous offrir le moyen de vous venger, — vous, — et celle que vous voulez sauver de la mort. — Comme vous l'avez dit, vous êtes les victimes d'une comédie inventée et jouée par une grande dame qui a voulu se distraire un moment de ses opulents ennuis. — Vengez-vous d'elle, et ce sera de toute justice, et je vous y aiderai. — Écoutez-moi encore : la comtesse de Rouvres est sur le point de contracter une union avec un gentilhomme qu'elle aimé ; ce mariage est un rêve qu'elle caresse depuis longtemps, et auquel elle va faire ses dévotions quotidiennes dans un petit cabinet blanc où personne n'entre qu'elle. Vous pouvez d'un coup briser ce rêve, et rendre à la comtesse douleur pour douleur : allez montrer à son futur les lettres que vous avez d'elle, et le mariage sera rompu, et vous serez vengé, et la comtesse souffrira comme vous, plus que vous peut-être, car elle deviendra la fable de tout Paris.

— Monsieur, répondit Antoine, ceci serait une lâcheté, et je suis un honnête homme : Voici le cas que je fais de votre conseil. Tenez, dit le jeune homme en prenant dans un portefeuille un petit paquet : — voici les lettres de la comtesse de Rou-vres : qu'elle caresse son rêve en paix et le réa-lise.

Et il jeta dans le feu les lettres, qui s'enflammè-rent et furent entièrement consumées au bout d'un instant.

— Joli coup de scène! — murmura M. de Neuil, mais il se fait temps de baisser la toile.

Et, s'adressant à Antoine :

— C'est beau, c'est noble, ce que vous venez de faire, et je vous tiens pour un galant homme, — pourtant vous avez eu tort de brûler les lettres de la comtesse.

— Pourquoi, monsieur?

— Parce qu'elle demandera à les voir lorsqu'elle sera votre femme, dit en riant M. de Neuil, car j'ai arrangé ce mariage, et j'espère que M. le comte Antony de Sylvers ne le dérangera pas, fit M. de Neuil en s'inclinant devant Antoine.

Puis il reprit :

— Pour presser ma nièce à conclure une union qui doit la rendre heureuse, je lui ai même fait croire que le monde en était instruit. Et dites que vous n'avez pas un brave homme d'oncle! Vous vous

étiez perdus en route, et je vous ramène tous deux
au but la main dans la main.

— Ah! merci, monsieur, merci, s'écria Antoine;
l'erreur dans laquelle vous êtes tombé m'éclaire,
maintenant je comprends tout... c'était le comte
qu'elle aimait et qu'elle venait chercher ici.

— Tiens, dit M. de Neuil, — je me suis trompé.
Il y en avait un autre!

IV

L'ATELIER

Sans qu'il soit besoin de quitter la maison où se
passe le dernier chapitre de cette histoire, nous
introduirons le lecteur chez un nouveau personnage
précédemment cité.

A quelques pas de la chambre occupée par le docteur Antoine, habitait un jeune peintre, dont la vie tranquille et retirée faisait l'édification du voisinage, en grande partie composé d'ouvriers.

Au moment où nous pénétrons dans son atelier, nous y trouvons un désordre à peu près pareil à celui qui régnait dans la chambre du docteur Antoine, dont l'artiste est le voisin. Ici, comme à côté, un sac de nuit et un coffre ouverts, des habits poudreux jetés au hasard sur les meubles, parlent de voyage; mais ce désordre annonce un retour, et non pas un départ.

Absent depuis trois mois, Antony vient d'arriver à Paris, et sa première visite a été pour son voisin.

C'est ensemble que nous les trouvons maintenant dans l'atelier du peintre, assis l'un près de l'autre, et poursuivant une causerie dont, par ce qui va suivre, le lecteur comprendra facilement le début.

— Écoutez-moi, disait Antony en serrant dans la sienne les mains d'Antoine, plongé dans un profond anéantissement, — je suis content de vous avoir vu avant votre départ: car, après tout ce que vous m'avez conté, et dans l'état d'agitation où vous êtes encore, vous pouviez avoir sur mon compte de

5

mauvaises pensées, et mettre en doute la sincérité
de mon affection pour vous. Ce doute, vous l'avez
même eu, et je vous le pardonne, dit Antony, je
vous le pardonne de tout mon cœur; car, en ce
moment, il était permis, naturel, et pourtant Dieu
sait s'il était juste.

— Et si après votre justification je doutais encore, dit Antoine en retirant sa main de celle
d'Antony, — me pardonneriez-vous toujours?

— Dieu pardonne bien aux blasphémateurs éga-
rés par la souffrance. — Oui, je vous pardonnerais,
car je comprends que ma justification froidement
exposée n'ait pu vous convaincre. Mon retour, qui
coïncide si étrangement avec l'annonce de ce pré-
tendu mariage qu'on vient de vous faire, vous autorise à être soupçonneux. La trahison engendre le
doute, et vous avez été odieusement trompé, et
je comprends que vous m'accusiez quand même
d'avoir été pour quelque chose en ce grand malheur, d'où il en naîtra tant d'autres peut-être.

— Oh! dit Antoine avec amertume, quand je
pense qu'autrefois j'ai béni le hasard qui vous avait
amené vers moi!

— Ce n'est point le hasard qui prépare les amitiés; — c'est la Providence, dit Antony. Aujour-

d'hui vous persistez à penser que j'ai failli à cette amitié, et je vous le répète : devant l'évidence même, si elle venait armée de preuves pour plaider en ma faveur, je vous pardonnerais le doute, car vons en avez acquis le triste privilége : aussi ne vous ferai-je point de nouvelles protestations.

— Ah! dit Antoine, je voudrais vous croire, moi. Mon cœur est brisé. Inhabitué aux tempêtes des passions, je sentais mon âme gagnée par le délire. Mais je me suis efforcé de comprimer cette fièvre horrible qui m'acheminait à la folie. Et maintenant... tenez... je suis de sang-froid, je suis calme, parfaitement calme, je vous assure. Et si vous me donniez de bonnes raisons, je les admettrais; si vous me fournissiez des preuves que, si j'ai été trompé, c'est par cette femme seule, et non par vous, ah! je vous croirais, et ne m'obstinerais pas dans mes doutes... Ainsi donc, je vous en prie, profitez de cette heure; et, avant qu'il fasse sombre dans mon intelligence, jetez-y l'éclair de la vérité; et, comme vous le disiez tout à l'heure, je ne me refuserai pas à l'évidence; je vous croirai. Voyons, Antony, je vous en prie encore, cherchez... trouvez un moyen... défendez-vous... je vous écoute.

— Je n'ai rien à ajouter à ce que je vous ai dit déjà, répondit Antony. Ma cause est du nombre de celles qui n'ont que des paroles pour se défendre, alors que l'accusation veut des preuves.

— Mais encore une fois, reprit Antoine avec vivacité, avouez avec moi qu'en pareille circonstance des négations ne sont pas suffisantes ; et, tenez, discutons encore les faits ; vous verrez par là combien je suis vraiment en état de vous entendre et de vous comprendre, si vous avez de bonnes raisons à me donner. Quand cette femme est venue demeurer ici, nous l'avons aimée tous deux. — Ne le niez pas, vous l'avez aimée avant moi peut-être ; mais d'abord je n'en sus rien : ce fut elle qui me l'apprit plus tard.

— Je l'ai aimée, dites-vous, interrompit Antony. Eh bien, oui, j'ai été sur le bord de ce malheur ; mais ce que je puis vous affirmer, c'est que cette femme ne l'a jamais su ; et, si j'avais eu l'imprudence de lui parler d'amour une seule fois, soit des yeux, soit de la parole, je ne me le pardonnerais jamais, — surtout maintenant que je sais qui elle est.

— Vous voyez bien que vous me trompez, di Antoine. D'abord, vous saviez qui elle était ; c n'est pas moi qui vous ai appris son nom, et le rang qu'elle occupe dans le monde ; car, dans ce monde, où vous êtes né, où vous avez vécu longtemps, vous aviez connu la comtesse de Rouvres, et n'avez pu manquer de la reconnaître en la retrouvant ici.

— J'ai pu voir autrefois madame de Rouvres dans une réunion de trois cents personnes, — entre une mazurka de Kontsky et un duo de *Lucia*. J'ai même pu parler avec elle pendant cinq minutes, — médire d'une de ses amies, parce qu'elle avait un amant, — ou parce qu'elle n'en avait pas. Nous avons pu échanger ensemble des madrigaux et des coquetteries. — Mais madame la comtesse de Rouvres, que j'avais rencontrée à l'ambassade d'Angleterre, ou au Champ de Mars un jour de course, ne m'avait pas causé une impression assez vive pour que je pusse la reconnaître dans la personne de mademoiselle Césarine, qui habitait une mansarde, raccommodait les chiffons des autres pour en acheter qui fussent à elle, mangeait du pain et des cerises, cultivait des giroflées, élevait de petits oiseaux, et chantait faux comme une grisette de Paul de Kock. Encore une fois, et vous devez bien comprendre cela, Antoine, mademoiselle Césarine ne m'a aucunement rappelé madame de Rouvres, et

je n'avais que trop peu vu cette dernière pour la
reconnaître, surtout quand elle eut changé sa couronne de comtesse contre un bonnet chiffonné. —
Pourquoi et dans quel but? — Voilà précisément où
est le mystère.

— Dans quel but? Je le sais maintenant, et le
mystère commence à devenir moins obscur, reprit
Antoine, grâce à ce que m'a appris tantôt la personne qui par erreur me prenait pour vous. Je
veux bien admettre que vous n'ayez pas reconnu
d'abord madame de Rouvres dans notre voisine :
mais elle n'a pas tardé à se faire reconnaître de
vous, et en vérité vous ne m'ôterez pas cela de
l'idée : le respect de grande étiquette avec laquelle
vous la traitiez m'en est une preuve suffisante.

— Le respect est une des formes de l'amour,
dit Antony, et, je vous l'ai dit, un moment j'ai été
sur le point d'aimer notre voisine. Mais heureuse-
ment je me suis arrêté à temps, pour deux raisons :
la première, parce que j'avais alors la fièvre du
travail, et que je ne voulais pas la couper par une
intrigue; l'amour et l'art sont deux passions ja-
louses, l'une peut quelquefois inspirer l'autre, —
mais toutes deux ne sauraient vivre ensemble dans
le même cœur : — j'ai fait céder l'amour.

— Ah! dit Antoine avec une ironie triste, voici encore que vous jouez du paradoxe; — je n'accepte pas votre première raison. — Voyons la seconde.

— La seconde raison, dit Antony, c'est que je m'étais aperçu que vous aimiez Césarine, et que je n'ai pas voulu être votre rival; — c'est pourquoi je suis parti.

— Je ne demanderais pas mieux que de croire à ce dévouement, dont voici la première nouvelle; mais, j'en dois douter, comme de tout le reste. Tenez, Antony, maintenant je ne vous demande plus de vous défendre de m'avoir trompé; je vous demande, au contraire, un aveu franc et entier, et je vous assure que je vous pardonnerai.

— Je ne puis avouer que ce qui est vrai, et je vous ai dit la vérité, répliqua Antony. Sans que vous m'en eussiez rien dit, je savais votre amour pour Césarine, et j'avais deviné le sien pour vous; — c'est alors que je suis parti.

— Et, reprit Antoine en s'animant de plus en plus, c'est alors que Césarine est partie aussi; car, deux jours après votre départ, elle avait quitté cette maison pour aller vous rejoindre où vous lui aviez donné rendez-vous. C'est alors aussi que M. de Neuil, qui sans doute faisait épier sa nièce, a eu vent de

l'intrigue qu'elle entretenait avec vous, et en a ob-
tenu d'elle-même l'aveu complet; et, pour faire taire
les bruits qui auraient pu se répandre et compromettre la réputation de madame de Rouvres, il a
été convenu avec elle qu'un mariage légitimerait
l'amour qu'elle avait conçu pour un jeune gentilhomme, autrefois connu dans le monde sous le nom
de comte Antony de Sylvers. — Est-ce vrai cela,
Antony, et ne voilà-t-il pas votre histoire?

— Non, ce n'est pas mon histoire, répondit l'artiste, c'est au contraire un roman que vous inventez
à loisir, pour donner raison à vos doutes, et pour
baser sur quelque chose l'accusation de fausse amitié dont vous m'accablez si obstinément. — Encore
une fois, et pour la dernière, — la comtesse de
Rouvres et mademoiselle Césarine sont pour moi
deux femmes bien différentes, à tel point que, malgré tout ce que vous m'avez dit, je doute encore
s'il est possible que celle que j'ai vue ici soit la
même que j'ai rencontrée une ou deux fois dans le
monde. Non, je n'ai point eu d'amour pour mademoiselle Césarine, car je persiste à lui donner ce
nom, comme je persiste à croire que c'était vous et
non moi qu'elle préférait. Quant à sa disparition,
qui coïncida, dites-vous, avec mon départ, c'est un

fait que je ne m'explique pas encore, non plus que
l'annonce de ce fabuleux mariage dont vous est venu
parler ce M. de Neuil, personnage fantastique, qui
doit à coup sûr avoir la clef de tout ce mystère in-
finiment grotesque, sans les suites graves qui peu-
vent en résulter. Et maintenant, continua Antony,
je crois le moment venu de vous satisfaire à propo
d'un fait sur lequel vous m'avez souvent interrogé.
Quand vous m'aurez entendu, vous saurez quelles
causes m'ont décidé à quitter le monde, et m'em-
pêchent pour ainsi dire d'y rentrer, alors que je le
voudrais. A cette confidence, d'où ressortiront peut-
être en ma faveur quelques preuves morales, j'en
ajouterai une autre dans laquelle, pour parler le langage judiciaire, puisqu'il s'agit ici d'accusation et
de défense, vous trouverez un cas d'alibi.

— Que voulez-vous dire? fit Antoine.

— Je veux dire, répondit Antony, que j'ai passé
tout le temps de mon absence à trente lieues d'ici,
auprès d'une femme que j'aimais, et cette femme
n'était pas madame de Rouvres. Écoutez-moi, ajouta
Antony, et vous verrez que vous n'êtes pas seul à
souffrir, — vous ne pleurez que sur une illusion en-
volée, — et moi...

— Je vous écoute, dit Antoine.

6

V

ANTONY

J'ai vingt-quatre ans, et à vingt ans l'expérience m'avait déjà appris tout ce qu'elle peut apprendre à un homme dans le courant de sa vie entière.

Ma première enfance orpheline s'est écoulée dans dans un bourg perdu de la Bourgogne, sous les yeux d'une femme étrangère ayant pour métier de vendre aux enfants des autres la vigilance et les soins dont les mères entourent leurs nouveau-nés. Cette femme, qui, après tout, m'aimait de son mieux, ne mesurait point trop sa tendresse au prix qu'elle en recevait, et, quoique cet attachement intéressé ne fût qu'une pâle copie de l'amour maternel, je lui dois encore la meilleure part de ma vie.

Comme j'allais avoir ce qu'on appelle l'âge de rai-

son, et que le séjour de la campagne n'était plus
indispensable à ma santé, mon tuteur me rappela à
Paris, où il habitait, et, dès que je fus en état de
commencer mon éducation, on me confia aux soins
d'un précepteur. Cet homme était un vieillard qui
qui se livrait depuis fort longtemps déjà à l'éducation des enfants riches, et le malheur voulut que je
devinsse son élève. Pendant dix ans qu'il demeura
près de moi, je ne me souviens pas de l'avoir vu sourire une seule fois.

Alternée par les jeux et les affections de famille,
pleine d'encouragements et de sollicitude, l'étude
est ordinairement pour les enfants un sentier facile;
pour moi, l'étude fut une montée âpre et rude, un
labeur pénible. Mon précepteur était un esprit mé-
thodique et régulier, ne sachant présenter la science
qu'il enseignait que sous les aspects les plus diffi-
ciles, et s'attachant plus volontiers à la lettre qu'à
l'esprit du livre. Hors de l'étude, il demeurait le
même; et, devant cette immuable rigidité, qui ne
se démentait jamais ni dans ses paroles ni dans ses
actes, la pétulance étourdie de mon âge se changea
bientôt en une gravité qui, chez les enfants, est presque toujours un vice ou un malheur. Pour moi ce
fut un malheur; car les quelques heures qui étaient

réservées à mes récréations, je les passais en rêveries ou en jalousies. De la chambre où j'habitais, on
apercevait à quelque distance la cour d'une pension
qui deux fois par jour se remplissait d'écoliers, dont
les jeux bruyants venaient troubler ma solitude ré-
fléchie et excitaient mon envie. Un jour, je vis la
cour pompeusement décorée de drapeaux et de guir-
landes, des gradins avaient été disposés autour d'une
tribune chargée de livres et de couronnes. Je demandai à mon précepteur ce que signifiaient ces
préparatifs, et il me répondit que c'était sans doute
le jour de la distribution des prix dans la pension
voisine. En effet, au bout de quelques instants les
gradins furent remplis par les élèves; derrière eux
se placèrent les parents, qui, plus encore que leurs
enfants, semblaient émus par une anxiété pleine
d'espérance et de crainte. Enfin les maîtres vinrent
prendre place à la tribune, et la distribution commença.

A chaque nom prononcé, j'entendais venir jusqu'à moi le bruit des salves d'applaudissements, et
je voyais le jeune triomphateur passer, le laurier en
tête, au milieu de cette foule dont tous les regards
étaient arrêtés sur lui; et sa mère lui mettait au
front plus de baisers que n'avait de feuilles la sainte

couronne du travail qu'il venait de conquérir. Cette
fête solennelle, les joyeux cris de tous ces jeunes
glorieux aux bras de leurs mères glorieuses, tout
cela formait un spectacle auquel je ne me sentis pas
la force d'assister plus longtemps; et je courus me
réfugier dans ma chambre à coucher.

— Oh! m'écriai-je en tombant à genoux devant
un portrait de ma mère, oh! ma mère, si vous vi-
viez, moi aussi j'aurais des couronnes !

— Eh bien! dit mon précepteur en entrant, à
quoi songez-vous? la récréation est finie, il faut rentrer à l'étude.

Et, voyant mes larmes, il ajouta :

— Ah! je vous comprends, vous êtes envieux,
c'est s'y prendre jeune et pour peu de chose; allez...
je sais cela, moi. La plupart de ces enfants ne mé-
ritent point les prix qu'ils viennent de recevoir, et
leurs parents s'enorgueillissent de triomphes qu'ils
ont payés d'avance : je sais cela, vous dis-je.

Pourquoi cet homme essayait-il ainsi d'éteindre en
moi une noble et généreuse envie? Pourquoi m'in-
struire de ces marchés que l'indulgence de quelques
parents accepte en faveur de leurs enfants et pour
les encourager? C'est ce que je ne pouvais comprendre alors; mais je le sus plus tard.

Mon précepteur avait été élevé par charité dans un collége, et les autres enfants, ses camarades, avaient fait de lui ce qu'on appelle un souffre-douleur. N'ayant point d'autres ressources pour vivre, il s'était consacré au professorat; et j'ai pensé souvent qu'il avait adopté cet état afin de pouvoir se venger sur l'enfance des autres de son enfance persécutée et malheureuse. Il avait remarqué aussi combien il m'était pénible d'assister tous les jours aux libres récréations que mes voisins les écoliers passaient en commun; et il semblait prendre plaisir à voir le regret secret que j'éprouvais de ne pouvoir me mêler à leurs jeux.

Un jour que mon tuteur me félicitait sur mes progrès, du même ton dont il m'aurait réprimandé, je lui demandai s'il voulait me mettre en pension ou au collége.

— Vous êtes trop riche, me dit-il; et ce n'était pas l'intention de votre mère; d'ailleurs, ajouta-t-il brusquement, n'êtes-vous pas heureux ici?

Il me demandait si j'étais heureux, moi pauvre enfant, dont l'existence cloîtrée s'écoulait entre quatre murs d'une chambre où je n'avais d'autre distraction que le spectacle de la joie des autres. Ah! la plus triste prison n'est point celle où n'entrent ni la lu-

mière du jour, ni le bruit du monde; c'est la prison
d'où le captif peut voir des gens libres courant devant lui dans les chemins de la liberté.

Ainsi, cette charmante époque qui sert de pré-
face à la vie, et vers laquelle nous aimons à nous
retourner plus tard pour oublier les peines du présent en évoquant les joies du passé; l'enfance, qui
met chaque jour au pillage les corbeilles fleuries de
l'espérance; l'enfance, qui passe si vite au milieu
d'êtres aimés et qui vous aiment; la tendresse sans
bornes de la mère, l'indulgente sévérité du père, les
contes de l'aïeule le soir au coin du foyer; le travail rendu facile par l'espérance des jeux, les jeux
rendu plus gais par l'accomplissement du devoir :
tout ce calme bonheur; hôte paisible et souriant qui
habite sous le toit des honnêtes familles, je ne l'ai
pas connu; — je n'ai pas eu d'enfance!

Et, plus tard, l'adolescence aux interrogations
naïves, les premières rêveries de l'âme, les premières agitations du cœur, les premières ambitions
de l'esprit, l'éveil des vagues désirs, la curiosité de
l'enfant qui se fait homme, et, pareil à un voyageur
aux approches de la mer, entend déjà au loin de
confuses rumeurs qui s'élèvent de ce monde où il
va entrer bientôt et vers lequel il s'avance avec tant

d'impatience et de sécurité; de même que la première, cette seconde partie de la vie s'est écoulée
pour moi dans une solitude rendue plus triste encore
par la présence d'un spectre savant qui m'avait len-
tement inoculé sa science glacée et inféconde.

VI

UN TUTEUR

A dix-sept ans, et comme j'achevais ma philosophie, mon tuteur parut pourtant s'occuper de moi;
il m'informa qu'à l'avenir je mangerais à sa table
et m'invita à assister aux soirées qu'il donnait une
fois par semaine. Mais, dans ces réunions, compo-
sées d'hommes, on ne parlait guère que de politique
ou d'argent, et je m'y ennuyais mortellement, car

rarement on m'adressait la parole; et, si on le faisait, ce n'était que par politesse.

Le jour où j'eus dix-huit ans, mon tuteur me fit
appeler dans son cabinet, et me parla à peu près
ainsi : « Mon cher pupille, me dit-il, l'époque ap-
proche où le mandat qu'on m'avait confié va expi-
rer ; vous allez jouir de votre fortune, qui était con-
sidérable quand j'en reçus le dépôt des membres de
votre famille, et que je vous rendrai plus considéra-
ble encore. Selon les vœux de votre mère, ainsi
que je vous l'ai déjà dit, je vous ai fait donner une
éducation particulière, et je reconnais que vous en
avez on ne peut mieux profité : vous êtes en état
d'aspirer à tout, et le nom que vous portez, ainsi
que votre fortune, vous permettent de choisir la position qu'il vous plaira d'occuper dans le monde.
Pourtant, avant de songer à faire ce choix, vous
devez pendant quelque temps voir la société, y vivre
et jouir de votre jeunesse. Si jusqu'à présent je ne
vous ai laissé que peu de liberté, ne vous en plai-
gnez pas à moi, c'était encore un désir de votre
mère, et je l'ai accompli. Mais maintenant vous
êtes libre. La porte du monde s'ouvrira devant vous
dès demain si vous le voulez ; voici un acte d'émancipation préparé, vous n'avez qu'à le signer, et sur-

7

le-champ vous serez mis en possession de votre fortune. Pour mon compte, je ne vous cacherai pas
que je serai bien aise d'être déchargé de mon mandat; d'ailleurs des raisons d'intérêt me forceront
bientôt à quitter la France, et vous m'obligerez en
demandant à une émancipation légale le droit d'ad-
ministrer vous-même votre fortune, alors que ce
droit vous est déjà acquis par l'émancipation naturelle que donnent l'âge et la raison. Si cependant
vous ne pensez pas être encore en état, et que vous
voulussiez attendre votre majorité, j'accomplirai
jusque-là la mission qui m'a été confiée. Vous ré-
fléchirez, me dit mon tuteur, je vous reverrai ce
soir pour vous demander votre réponse. »

Je répondis de suite à mon tuteur en prenant une
plume et en signant l'acte d'émancipation qu'il m'a-
vait présenté.

Il y avait dix-huit ans que j'étais né pour le monde.
— A compter de cette heure seulement je venais
de naître à la vie.

Pendant les délais exigés par la procédure qui
devait légaliser ma demande d'émancipation, mon
tuteur m'avait conseillé de faire l'apprentissage de
la vie où je devais entrer, et lui-même m'y avait
aidé en m'introduisant dans quelques maisons de sa

connaissance, où je fus d'abord remarqué pour ma
sauvagerie et mon ignorance complète des usages.

« Observez, m'avait dit mon tuteur, et faites d'a-
bord comme vous verrez faire; plus tard, il sera
temps d'essayer de vous individualiser. Selon les
gens chez lesquels vous serez, faites sonner à propos
votre nom ou votre fortune : soyez noble chez les
riches, soyez riche chez les nobles. Si vous en avez,
cachez votre esprit aux sots; vous pourriez un jour
avoir besoin d'eux, et la sottise a la mémoire longue.
Dans les conversations générales où vous vous trouverez absolument forcé de prendre part, parlez à
côté de la question, c'est un bon moyen pour ne pas
se compromettre; et, s'il se trouve que vous ayez
une opinion personnelle, ayez soin de la garder pour
vous, et vous rangez à l'opinion du plus grand nombre; les majorités ont toujours raison. Avant toute
chose, apprenez à vous lever et à vous asseoir. Ne
dites jamais trop de bien des personnes absentes, à
moins que vous n'ayez l'intention de leur nuire.
Ayez beaucoup de camarades et peu d'amis : les amitiés sont gênantes souvent, et presque toujours inu-
tiles; il en faut laisser le privilége aux malheureux.
Ne vous étonnez jamais outre mesure, lors même
que vous verriez ou que vous entendriez dire les

choses les plus étonnantes, n'ayez point trop d'enthousiasme avec les hommes graves.

« Quant à la société des femmes, si elle est, comme on le dit, plus agréable, il est aussi beaucoup plus dificile d'y vivre. Voici, d'après ce qu'il m'a paru, quelques conseils dont vous pourrez utilement faire votre profit. Dans un endroit où les femmes sont en majorité, évitez le plus possible de faire preuve de ce bon sens qui accuse une trop grande maturité de raison. Traitez sérieusement les choses frivoles, et superficiellement les choses sérieuses. Ne vous placez jamais entre une femme jeune et une femme qui ne le serait plus ; les soins que vous auriez pour l'une seraient blessants pour l'autre. Si vous voulez plaire aux femmes, fournissez-leur en public l'occasion de faire preuve de sensibilité : elles aiment beaucoup cela. Ne parlez pas, devant elles, aux jeunes filles qui chantent des romances. Gantez-vous très-juste, et toussez quelquefois comme si vous étiez poitrinaire : pour le moment, la phthisie est encore à la mode. Surtout, et pour recommandation suprême, n'oubliez point qu'il est certains ridicules qu'on est soi-même ridicule de ne pas adopter ; tâchez même d'en inventer de nouveaux.

« Quand vous vous trouverez en quelque passe difficile, venez me trouver, je vous aiderai de mes conseils. Maintenant, et en attendant que la loi vous autorise à jouir de vos biens, voici dix mille francs qu'il faut apprendre à jeter par la fenêtre. »

Admis dans quelques salons, j'observai d'abord, et ne tardai point à me convaincre que les jeunes gens qui faisaient comme moi leur entrée dans la société s'y conduisaient à peu près comme mon tuteur m'avait dit de le faire, et je m'appliquai à mettre à profit ses conseils.

Après quelques jours, je commençais à posséder à peu près les premiers éléments du savoir-vivre dans le monde des habits noirs et des cravates blanches. Je n'étais point trop déplacé parmi ces insignifiants coryphées de salon, qui se lèvent, s'assoient en mesure, applaudissent ensemble aux bons mots qu'on vient de dire, et n'osent jamais hasarder une seule phrase, si d'obligeantes personnes ne viennent les y convier en leur fournissant un motif ; de même que, dans un bal, les hommes galants vont par politesse inviter à danser les femmes laides qui font tapisserie depuis trop longtemps.

VII

UN DÉBUT DANS LA VIE

Un matin que j'étais allé voir un jeune homme avec lequel je m'étais lié, quoique très-superficiellement, je ne le trouvai point chez lui, et, ayant besoin de lui parler, je pris le parti d'attendre son retour. J'entrai donc dans son cabinet, et machinalement je pris un livre qui se trouvait ouvert sur une table, et j'y jetai les yeux : c'était l'*Émile* de Rousseau.

Je ne sais dans quelle singulière disposition je me trouvais alors ; mais, après avoir lu pendant quelques instants, mon esprit tomba en une profonde rêverie, qui fut troublée par l'arrivée soudaine de mon ami.

Il paraissait fort agité ; mais, s'efforçant de calmer

son émotion, il s'approcha de moi, et me demanda, me voyant retomber dans mes réflexions, à quoi je pensais.

— Je viens, lui répondis-je, d'ouvrir un livre dans lequel j'ai trouvé une pensée bien triste, et à laquelle je rêvais quand vous êtes entré; et je lui tendis le livre, en lui indiquant le passage dont j'avais voulu parler.

— Ah bah! me répondit-il, ce sont des mots cela; à notre âge surtout, le bonheur est partout, et il faut être bien maladroit pour ne pas le rencontrer deux où trois fois par jour.

— Mais enfin, vous qui parlez, lui dis-je, de quoi donc se compose cette chose de raison qu'on appelle le bonheur? De quoi est-il fait?

— De tout ce qu'on veut; car on le fait soi-même, de même qu'on le détruit. Mais à quoi bon toutes ces questions? Allons-nous faire de la philosophie à jeun, et est-ce pour me parler de cela que vous êtes venu? Dépêchez-vous donc alors; car, à propos de bonheur, j'en ai un qui m'attend. Ah! dit-il en redressant fièrement la tête, regardez-moi bien, et dites-moi si je n'ai pas au front un de ces signes qui indiquent entre tous les élus de la félicité humaine. Regardez-moi bien, car je suis heureux

moi : la plus belle heure de ma vie vient de sonner,
— Je suis aimé !...

— Aimé ! par qui ? lui demandai-je.

— Eh ! mon Dieu, me répondit-il avec exaltation,
vous ne comprenez donc rien, vous ? Par qui peut-
on être aimé quand on a vingt ans ? et vous qui allez les avoir, comment pouvez-vous me faire une
semblable question ? Qu'est-ce que vous faites donc
de votre cœur ? et quelle liqueur glacée coule en
vos veines au lieu de sang ? Je vous ai observé
déjà ; vous n'êtes pas un être ordinaire ; rien ne
vous touche, ni les beautés de l'art ni celles de la
nature ! Vos gestes les plus simples, vos attitudes,
tout en vous est d'une roideur automatique, étrange
et presque surnaturelle. Quel être êtes-vous donc ?

— Ah ! répondis-je, j'ai peur d'être dans la nature une horrible exception, un effrayant phéno-
mène ; mon cœur s'est éteint avant d'avoir battu,
mon âme est déserte sans avoir été jamais habitée,
et toutes les facultés de mon être, engourdies dans
un trop long repos, sont pareilles aux ressorts rouil-
lés d'une machine toute neuve que l'immobilité aurait usée plus vite que ne l'aurait fait le mouve-
ment. Je n'ai d'humain que la forme. Ce qui pour
les autres est lumière et rayon n'est pour moi qu'om-

bre et vapeur; les harmonies qui vous émeuvent
me paraissent des sons discordants qui m'irritent ou
me font mal; j'entends autour de moi le bruit de
la vie, l'éclat de rire des joyeux, la plainte des tristes; et j'ignore pourquoi cette tristesse à côté de
cette joie; je ne sais pas où je vais ni où vont les
autres qui marchent à côté de moi, poursuivant des
passions dont le nom seul m'est connu. Il y a peu
de temps encore, j'ignorais ce que c'était que le
monde; j'y suis entré, j'ai regardé, j'ai écouté et je
n'ai rien compris. Bientôt, j'aurai entre les mains
la fortune qui m'a été laissée par mes parents. On
m'a dit que c'était une clef avec laquelle je pouvais ouvrir toutes les portes, et que je n'avais qu'à
choisir. Choisir quoi? Je ne vois rien, je ne sais
rien. Je n'ai pas de désirs, pas d'espérance, pas de
souvenirs; ni fleur éclose, ni fleur fanée : rien !
Voilà quel être je suis, — et j'ai dix-huit ans, et devant moi, dites-vous, se déroulent de magnifiques
horizons inondés par le soleil de la jeunesse ! Que
m'importe à moi ! Statue placée au bord du chemin,
je regarderai la foule passer devant moi sans savoir
où elle ira. Je verrai partir les jeunes, fleurs au
front, flammes aux yeux; et plus tard je les verrai
passer vieux, sans savoir d'où ils reviennent.

8

— Ah ! me dit mon ami, j'ai déjà connu un être qui vous ressemblait, et j'ai trouvé le moyen d'en faire un homme ; j'ai forcé le destin, qui comme vous, l'avait oublié sur la route, à lui donner la part de joies et de douleurs à laquelle il avait droit en ce monde, et il s'est mis à vivre.

—Oh ! m'écriai-je en prenant la main de mon ami, ce que vous avez déjà fait pour un autre, faites-le pour moi : que je sente, que j'entende, que je comprenne... que je vive enfin !

— Soit, me dit-il en me prenant la main ; je vais vous faire entrer dans la vie par la plus belle porte, et Dieu veuille que vous ne me reprochiez pas plus tard ce que je vais faire aujourd'hui pour vous.

. . . .

. . . .

. . . .

. . . .

Huit jours après, dans un bal où j'avais été conduit par mon tuteur, je remarquai que l'annonce de mon nom éveillait une grande curiosité dans un groupe de jeunes gens dont tous les regards s'arrêtaient sur moi, et un instant après j'entendis l'un d'eux dire tout bas en m'indiquant du regard :

— C'est le jeune Antony de Sylvers, l'amant de la comtesse Malani.

— Pauvre enfant! ajouta une jeune femme qui avait entendu.

Et elle jeta sur moi à la dérobée un long regard de commisération.

De même qu'avant de la connaître j'étais une exception parmi les hommes, la comtesse Malani était une exception parmi les femmes. L'un et l'autre, à l'époque où les circonstances nous rapprochèrent, nous étions moralement aux deux extrémités les plus opposées de la vie : moi au commencement, elle à la fin; moi venant de naître, — elle déjà morte.

Ainsi qu'on l'avait cru et répété dans le monde, je n'étais point l'amant de la comtesse, et je ne le fus jamais, non plus que tous ceux qui, jeunes ou vieux, naïfs ou blasés, formaient une cour brillante à cette superbe créature, qui recevait les hommages avec la morne et majestueuse immobilité d'une idole de marbre.

Mon amour pour cette femme ne devait donc pas avoir de dénoûment, ou du moins le dénoûment ordinaire et prévu, que certaines personnes précipitent ou retardent, selon qu'elles aiment à s'égarer dans les nuages bleus du sentiment, ou à prendre la grande route de la prose, — qui est le chemin des gens d'esprit.

Pourtant j'aimais la comtesse. Vous qui en êtes là, Antoine, vous savez ce que c'est qu'un premier amour... Mais, avant d'aimer la femme dont l'abandon vous initie aujourd'hui aux plus grandes douleurs qui soient au monde, vous aviez déjà aimé quelque chose ou quelqu'un, vous aviez passé successivement par toutes les phases ordinaires de l'existence, et vous avez ressenti, dans l'ordre accoutumé, toutes les impressions et toutes les émotions qui sont propres à chacune n'elles. Vous aviez rêvé, et, comme tous ceux qui rêvent, poursuivi dans l'ombre des solitudes et caressé durant les fièvres de l'insomnie ces idéales figures, amantes imaginaires que les hommes se créent eux-mêmes et qu'ils croient reconnaître plus tard dans la première femme qui passe devant eux et leur jette un sourire à travers son voile.

A dix-huit ans enfin, vous aviez votre diplôme de vivant; votre cœur était un instrument complet et tout accordé pour chanter la douleur, l'espérance, l'amour et la joie.

Il n'en était pas de même pour moi, vous le

savez, et mon premier amour ne devait guère ressembler à celui des autres.

Pourtant, et comme cela arrive assez ordinairement, la révélation en avait été spontanée et foudroyante : sans transition aucune, mon cœur passait de l'extrême immobilité à la plus tumultueuse agitation. La métamorphose fut rapide et complète : chaque jour, à la chaleur de cet amour vivifiant, je sentais éclore en moi quelque nouveau sentiment et s'éveiller quelque voix nouvelle ; le chaos de mon être s'organisait d'instant en instant, et à la clarté intérieure de cette lumière qui venait de se faire en moi, je contemplais, ébloui, tous les trésors que je possédais depuis si longtemps, sans en avoir jamais su faire usage. Enfin l'amour m'avait élevé au niveau commun : mon astre s'était levé... propice ou fatal. J'avais le compte d'illusions que tout homme possède au départ, et qu'il doit perdre au fur et à mesure qu'il avancera dans le chemin. Mon cœur était plein, et un jour j'allai le répandre aux pieds de celle par qui il s'était rempli.

La comtesse écouta, sans m'interrompre, l'aveu que je lui fis de cet amour qui venait de me transformer, et, lorsque j'eus achevé, elle me répondit froidement, mais avec quelque douceur :

— S'il est vrai que vous m'aimiez, et que ce
soit véritablement moi qui aie causé le changement
opéré en vous, n'appelez pas cela un bonheur; c'est,
au contraire, un très-grand malheur; et mieux
vaudrait cent fois que vous fussiez resté dans l'état
d'insensibilité où vous étiez avant de me connaître.
Grand Dieu! vous êtes dans toute la fraîcheur de
vos croyances; aucun de vos rêves n'a encore été
démenti : toutes choses vous apparaissent par leur
côté rayonnant, votre cœur en est à son premier
émoi, votre bouche à son premier aveu... et c'est
à moi que vous venez le faire! Quelle étrange fatalité vous a donc poussé ici? Sortez-en, sortez-en
vite! il en est temps encore; vous ne m'aimez pas,
au moins je l'espère, vous aimez l'amour. Conser-
vez le culte, mais cherchez une autre idole. A votre
premier amour il faut l'accompagnement ordinaire :
les clairs de lune, les promenades au bois, les rendez-vous mystérieux, les gants ramassés dans un
bal, les romances sous les balcons, la poésie, la
niaiserie, tout ce qui constitue le prologue d'une
première passion. C'est ainsi qu'on commence toujours; faites comme tout le monde; mais surtout
tâchez de tomber sur une femme qui s'habille en
blanc et mette des fleurs dans ses cheveux; faites

avec elle de l'élégie le plus longtemps qu'il vous
sera possible, et ne soyez amants que lorsque vous
ne vous aimerez plus assez pour ne pouvoir vous
dispenser de l'être. Vous comprendrez l'un et l'autre
que ce moment-là sera arrivé dès que vous ne
trouverez plus de charmes à regarder les étoiles ou
à cueillir des myosotis.

Quand les femmes n'ont plus de cœur, elles com-
mencent à avoir de l'esprit, et il y a dans le monde
bien des femmes spirituelles : si vous voulez que
votre premier amour ait quelque durée, et qu'il
vous en reste au moins un doux souvenir, choisis-
sez une femme niaise : celles-là seules sont sin-
cères et savent aimer comme on veut l'être, —
lorsqu'on a votre âge ; — mais, au nom du ciel,
Antony, oubliez-moi, fuyez-moi. J'ai déjà involon-
tairement vieilli bien des jeunes cœurs, et vu se
flétrir avant l'heure bien des croyances naïves, qui,
sans moi, existeraient encore dans les âmes où
j'avais fait pénétrer l'éclair de la vérité. Fuyez-moi,
Antony, je vous le dis encore, et comment les
autres ne vous l'ont-ils pas dit? Je ne suis plus une
femme, cet être de consolation, d'amour et de dévouement que chantent les poëtes. Je suis, sous
l'habit moderne, avec un nom, une fortune et une

position qui m'imposent à la société, et me font
subir plutôt qu'accepter par elle, je suis l'antique
figure de l'expérience, qui, la bouche toujours ou-
verte, indique les écueils du chemin, et détourne
les passants de l'abîme, mais les empêche aussi de
cueillir la fleur qui croissait sur les bords.

Ah! si une fois, par hasard, il m'a été donné
d'éveiller un cœur et une âme trop longtemps en-
gourdis, ainsi que cela est arrivé pour vous, m'a-
vez-vous dit, que ce ne soit point par moi qu'ils se
referment et se désenchantent; cela arriverait bien
vite si vous restiez près de moi, Antony. Allez donc
en liberté et au hasard; vous vous tromperez souvent, et rencontrerez dans la vie bien des mé-
comptes; mais, du moins, vous aurez joui un instant des bénéfices de l'illusion; vous aurez serré
avec joie la main droite d'un homme qui vous tra-
hissait de la main gauche, mais vous ne saurez que
plus tard sa trahison. Vous croirez aux sourires de
ces perfidies vêtues de soie ou de velours qui s'ap-
pellent des femmes; vous aurez des enthousiasmes
à la vue d'une belle chose ou d'une belle action, et
le lendemain peut-être vous apprendrez que vous
avez été la dupe de vous-même. Mais qu'importe?
votre cœur aura battu fort pendant une heure. De

jour en jour, enfin, vous avancerez dans l'existence, votre naïveté se tiendra sur ses gardes.

Peu à peu vous sentirez malgré vous s'introduire dans les sentiments qui en demandent le moins le calcul et la réflexion ; votre esprit, devenu froid et tracassier, contestera à votre cœur la liberté de ses sympathies et de ses enthousiasmes, et un jour vous serez arrivé à cet endroit de l'existence où l'on dit adieu à tout ce qu'elle a de meilleur.

Mais, puisque tout homme doit un jour arriver à ce but, prenez donc le chemin le plus long, vous surtout qui êtes entré si tardivement dans la vie, et prenez, pour vous accompagner dans votre pèlerinage à travers les charmantes illusions de la jeunesse, une femme comme vous jeune, et riche comme vous de croyance.

Ensemble vous conserverez plus longtemps votre trésor de foi, et vos chimères se dédoreront moins vite. Oh ! je vous en prie, Antony, renoncez à moi, ne me revoyez plus, et épargnez-moi les remords que j'éprouverais lorsque je vous verrais un jour, retombé par moi dans ce morne anéantissement d'âme et d'esprit qui suit la mort de nos espérances !

Encore une fois, Antony, pour moi, pour vous, ne me revoyez plus. oubliez-moi.

— Oh! répondis-je à la comtesse, c'est vous que
j'aime et je n'en puis aimer d'autre. Il faut que ma
destinée s'accomplisse et que vous en soyez l'ar-
bitre, dussiez-vous m'inoculer, avec votre amour,
cette science fatale de la vie, qui me ferait retomber
dans un état plus horrible encore que celui d'où je
suis sorti, grâce à vous. Je ne vous quitterai pas.
Je vous aime et vous m'aimerez : et qui sait, d'ailleurs, c'est peut-être moi qui dois vous empêcher
de mourir complétement à la vie, de même que
c'était vous qui deviez m'y faire naître.

— Oh! dit la comtesse, vous allez me tenter.

Et, après avoir insisté encore, mais d'une voix déjà
plus faible, pour me faire renoncer à mon amour
pour elle, la comtesse me permit de continuer à la
voir : et à l'époque où je devins, par mon émancipation, maître de ma volonté et de mes biens, elle
m'autorisa même à l'accompagner dans un voyage
de quelque temps qu'elle allait faire en Italie.

Au bout de six mois nous nous disions tristement
adieu, ce que la comtesse avait prévu s'étant réalisé. Elle ne m'avait pas aimé, et je ne l'aimais
plus; elle était restée enveloppée dans sa dédai-
gneuse indifférence des choses du monde, et, à force
de vivre près d'elle, j'en étais arrivé à partager ces

dédains et cette indifférence, et j'étais déjà dans
la société un de ces précoces sceptiques qui ont à
peine interrogé la vie, et font gloire et métier
de répandre partout leurs doutes ou leurs négations
contagieuses.

Une fois dans ce chemin, on va vite, et un matin que l'ennui de l'existence vous étrangle plus
fort que de coutume, ou qu'on a fait une mauvaise
digestion, on recommence en posant le front dans
les mains le monologue que faisait le prince Ham-
let en regardant le crâne de son bouffon Yorick,
et l'on appelle à son aide l'ange ténébreux du sui-
cide. C'est ce que j'aurais fait, sans doute, lorsque
je sentis naître en moi une passion nouvelle qui venait me rattacher à la vie.

Comme un poison glacé, l'expérience anticipée
qui s'était infiltrée en moi pendant ma courte liai-
son avec la comtesse Malani avait fait, comme je
vous l'ai déjà dit, Antoine, de profonds et irrépara-
bles ravages dans mon cœur... Tous les germes de
vie et de jeunesse qui s'étaient développés autour
de mon amour furent soudainement et brutalement
arrêtés au milieu de leur floraison, pourtant si tardive, et ne tardèrent pas à périr avec cet amour
même.

Ainsi, au moment où j'allais vivre enfin de la vie commune, pareil à un soldat blessé mortellement au début du combat, j'étais, avant d'avoir vécu, rejeté violemment en marge de l'existence.

C'est alors que, las de ce rôle de fantôme au masque humain, je songeai à rendre à l'éternel néant la créature incomplète à laquelle une étrange fatalité refusait impitoyablement sa place et son rang dans l'espèce humaine.

Un soir, comme j'étais seul chez moi, en tête à tête avec cette sinistre pensée de destruction, qui choisit de préférence les heures nocturnes pour assaillir les esprits désespérés, j'entendis heurter violemment à la porte de ma chambre, et je vis se présenter devant moi le jeune homme qui, un an auparavant, m'avait conduit chez la comtesse Malani, en me disant : « Je vais vous faire entrer dans la vie par la plus belle porte, par celle de l'amour. »

L'amour, lui aussi ce jour-là, il y croyait.

— Eh bien ! me dit-il, j'ai appris votre retour d'Italie, et je viens vous voir. Où en êtes-vous de la vie ? combien vous reste-t-il d'illusions, depuis tantôt une année que vous les semez sur la route avec autant de prodigalité que les écus de votre succes-

sion ? votre cœur et votre coffre fort seraient-ils déjà
vides ? peste ! il vous a fallu peu de temps pour vous
ruiner. Voyons, cette chose dont nous parlions ensemble il y a un an, le bonheur, a-t-il été pour vous
un feu follet ou un rayon ? par quelle route l'avez-
vous poursuivi, où l'avez-vous atteint ? où vous a-t-il
échappé ? Racontez-moi un peu votre voyage ; à
travers les passions, quelles sont vos opinions sur les
hommes ? quel est votre avis sur les femmes ? On
m'a dit que vous aviez dans votre poche la clef de
tous les boudoirs ; vous devez être alors quelque
peu mon rival ; car moi-même en ce moment, avec
les griffons et une nouvelle forme de chapeau, j'ai
l'honneur d'être fort à la mode. Vous devez avoir
sur l'amour des idées toutes personnelles. Certes
votre début a été éclatant ; réussir où la fleur des
roués et le haut-ban de la séduction avaient échoué.
— Triompher de la plus rebelle d'entre les rebelles,
de la comtesse Malani, une de ces hautaines et magnifiques figures qui, en d'autres temps, aurait
donné son nom à son époque ; pour un novice, le
début était remarquable ; et il en fut longtemps
parlé après votre départ. Eh bien, voyons, vous restez
silencieux devant mon armée d'interrogations ; je
ne résume : — où en êtes-vous de l'existence ?

— Sur le seil opposé à celui où j'étais quand
vous m'avez rencontré, répondis-je à mon singulier
interrogateur ; il y a un an, j'entrais ; aujourd'hui,
je m'apprête à sortir.

— Moi, je me charge de vous guérir de votre
maladie noire, si vous voulez me prendre pour
compagnon. Je connais tous les bons endroits de la
réalité, j'y ai déjà été, et j'y retournerai pour vous
faire plaisir, e vous prouver qu'un jeune homme
de vingt ans a toujours quelque chose de mieux à
faire que de se mettre du plomb dans la tête, surtout quand il a assez d'or à mettre dans sa poche
pour s'y permettre le luxe de quelques trous.

Il y a quelque temps, j'en étais là où vous en
êtes ; à ce moment maussade où l'on hésite à attendre le soleil du lendemain, et, vous le dirai-je ?
j'eus la lâcheté de l'attendre, et je remis la partie
au lever de la lune. Mais il arriva que la lune resta
couchée pendant quinze jours, et durant cet inter-
valle j'avais fait connaissance d'un célèbre docteur
qui a la spécialité de guérir ces sortes de maladies,
dont j'étais et dont vous êtes en ce moment atteint.

Ce docteur n'a point le costume ordinaire des
gens de la Faculté : il ne porte ni habit noir ni
cravate blanche, et n'a point de nom latin ; on ne

le trouve jamais chez lui, mais on le rencontre partout, et ses ordonnances sont les plus douces du monde à suivre. Ce docteur, mon cher Antony, s'appelle le plaisir. — Je me fis son client d'abord, et depuis je suis devenu son ami — et ami inséparable.

Allez voir le docteur Plaisir, — et je garantis votre guérison.— Il vous ordonnera, comme à moi, de vigoureux moxas qui vous feront tressaillir, et presto sortir de votre engourdissement. Au lieu de ces tristes insomnies qui vous rendent plus blême

Que ne l'est un trappiste à la fin du carême,

comme a dit un poëte, vous aurez des nuits flamboyantes, harmonieuses, embaumées ; vous toucherez du doigt toutes ces féeries du palais des *Mille et une Nuits* édifié sur ces deux mots : richesse et jeunesse ; vous aurez de violentes amitiés qui dureront presque autant qu'une paire de gants, et des amours si nombreuses, que vous n'en saurez jamais le compte ; et, quand vous aurez vécu pendant un mois à ce régime, vous n'en voudrez pas suivre d'autre.

Voilà le conseil que j'ai à vous donner, et c'est parce que je savais le grand besoin que vous en aviez que je suis venu vous voir, à une heure où mon éclat de rire manque dans une orgie exclusivement composée de poëtes élégiaques et de pieux artistes qui sont l'espérance du siècle.

Maintenant réfléchissez, — et, si vous persistez dans votre idée de remonter, comme on l'a dit, vers les voûtes éternelles, je me charge de conduire votre deuil, au besoin même j'adopterai les écus orphelins que vous laisserez en ce monde ; et je vous promets d'en faire un noble et bon usage.—Voyons, quelle est votre conclusion ?

—Votre premier conseil m'a été fatal, répondis-je à mon ami ; il y a un an, c'est vous qui m'avez poussé vers l'amour, et Dieu sait quel amour j'ai rencontré ! Aujourd'hui vous voulez m'entraîner dans une vie où tout s'achète et se marchande, et où, de votre propre et impudent aveu, l'homme s'abaisse au niveau des passions brutales, qui ne dépassent point l'épiderme et n'agitent que les nerfs...

— Mon cher, — me répondit mon *ami*, depuis que j'ai achevé le roman de ma vie, je parle, comme tout le monde, le langage vulgaire de la

raison, et j'ai une horreur invincible pour les
phrases à grand orchestre, pareilles à celle que
vous me débitez; achevez-la donc tout seul et ter-
minez-la même par un coup de pistolet en guise de
point d'exclamation, vous en avez parfaitement le
droit; d'ailleurs vous êtes chez vous; — moi, je
m'en vais souper, je me sens un appétit de Gargan-
tua. — Encore une fois, je vous invite à m'accompagner; parbleu, cela ne vous engage à rien, et
vous aurez bien le temps de venir vous tuer avant
ou après le dessert. Ce sera pour vous une espèce
de repas libre comme ceux des martyrs chrétiens
dans les cirques; allons, une dernière fois, voulez-
vous venir avec moi?

— Eh bien, oui, répondis-je, mais je reviendrai.

— Gageons, répondit mon *ami*, que lorsque vous
rentrerez, la réflexion aura mouillé l'amorce de
votre pistolet.

La prévision de mon ami s'était réalisée. En
sortant du banquet où il m'avait conduit, je m'étais
joyeusement écrié: Vive la vie! et, dès le lendemain,
docile aux conseils de mes nouveaux compagnons,
je mis le feu aux quatre coins de mon patrimoine,
mais je n'eus pas le temps de le dévorer complète-
ment. Au bout d'un an j'étais déjà rassasié de ma

10

nouvelle existence. — Parmi mes compagnons de plaisir se trouvait un jeune peintre avec qui je m'étais lié plus particulièrement, c'était un talent bien austère et tout recueilli dans l'enthousiasme de l'art, qu'il considérait comme la plus belle chose du monde. Il passait ses journées dans les musées ou dans son atelier, et pendant quelquetemps je vécus près de lui.

— Voulez-vous me prendre pour élève ? lui dis-je un jour.

— Ah ! me répondit-il, si vous pouviez aimer l'art, vous seriez sauvé, — vous n'auriez plus besoin d'être homme. — La volonté patiente remplace la vocation ; passez dix ans à étudier : vous deviendrez un grand ouvrier en forme ou en couleur, et vous pourrez devenir ambitieux de gloire ; avec cette passion-là, on n'en a pas besoin d'autre pour rester dans la vie. Vous êtes une nature exceptionnelle qui n'avez jamais vu ni senti comme personne, vous aurez un talent particulier, et, repoussé comme vous dites l'avoir été du monde et des passions des hommes, vous pourrez vivre dans le monde immobile des chefs-d'œuvre de l'art ; faites comme moi, tenez : — ma maîtresse s'appelle tantôt *Joconde* et tantôt *Vénus de Milo* ; l'une est peinte et l'autre est en marbre, toutes deux sont immobiles, mais admirables ; mon ami intime, le confident de mes espérances, demeure aussi dans la galerie du Louvre ; c'est ce pâle jeune homme à tête de poëte, qui s'appelait autrefois Raphaël d'Urbin ; — jamais ma maîtresse et mon ami ne me trahiront.

Je suivis les conseils du peintre ; et, après avoir voyagé un an dans les musées de Flandre et d'Italie, je revins à Paris, où j'entrai dans l'atelier de M..... Depuis trois ans j'y travaille et je suis un de ses plus forts élèves. — A de fort rares intervalles, il m'est arrivé d'avoir des éveils de sentiment, mais cela n'a pas duré ; un instant je me suis senti attiré vers notre voisine la grisette ; — mais c'était purement une affaire de goût artistique, et, pour que cela n'allât pas plus loin, je suis parti à la campagne. Là, encore une jeune fille naïve, près de laquelle je demeurais, m'a un instant occupé plus que ne l'aurait fait un tableau ou une statue. Pendant une maladie qui la conduisit au tombeau, je demeurai près de la pauvre Marie, qui ne voulut point s'en aller de ce monde avec la virginité de son cœur ; son dernier soupir fut son premier mot d'amour, et c'est moi qui l'ai reçu. Je ne sais pas où j'ai trouvé des larmes, mais j'ai pleuré en voyant les ombres de la mort envahir ce beau front, où je n'eus pas le courage de déposer le baiser qu'il semblait appeler.

— Marie était bien belle, — tenez, dit Antony en montrant une toile à Antoine, — voilà son portrait.

—Oh! dit Antoine, elle aussi elle vous a aimé!

— Marie et Césarine, ici et là-bas, — celle à qui j'avais donné mon cœur et celle qui m'avait promis le sien! Vers toutes deux le hasard vous a poussé, — et toutes deux m'ont oublié pour vous aimer toutes deux; — car Césarine vous aime, — comme Marie vous aurait aimé si elle n'était pas morte!

Adieu donc, Antony, je retourne dans mon pays, j'ai une mère à consoler, et je pars, reprit Antoine; — seulement, il me reste une prière à vous faire : vous qui reverrez la comtesse de Rouvres, — remettez-lui cette lettre — et dites-lui combien je l'ai aimée, combien j'ai souffert, — ou plutôt, non, ne lui dites rien, je lui ai tout dit dans ce billet; promettez-moi de le lui faire parvenir; — adieu.

Et Antoine quitta Paris le soir même.

Le lendemain Antony partit pour la Bretagne, où il demeura six mois.

Ce fut pendant ce temps que madame de Rouvres

demeura recluse dans son boudoir blanc, versant des larmes sur l'adieu que lui avait laissé Antoine, et souriant malgré elle à l'espérance qu'elle avait conçue du retour d'Antony.

— Ah çà ! s'était dit un jour M. de Neuil, après sa fameuse école, — lequel des deux est aimé de ma nièce ?

Si madame de Rouvres avait été franche avec son oncle, — et avec elle-même, — elle aurait répondu : « Je les aimais peut-être tous les deux, mais j'aimerai — celui qui reviendra ! »

Et au commencement de l'hiver Antony était de retour.

VIII

CE QUI DEVAIT ARRIVER

Un soir, Antony était seul dans la petite chambre qui lui servait d'atelier. La tête appuyée dans ses mains, il semblait plongé dans un de ces lourds accablements qui succèdent aux grandes crises morales.

Antony aimait la comtesse de Rouvres, et il savait en être aimé.

A cette immense passion qui venait de s'emparer de lui, il comparait ses anciennes amours si vite éteintes, et il se demandait en tremblant si la tardive étoile qui venait de se lever à l'horizon de sa vie n'était pas, comme les autres, une lueur d'un moment, une nouvelle ironie de l'illusion. Puis, quittant brusquement les ténèbres du doute, son âme s'égarait à plein vol dans le ciel lumineux de l'espérance, et son cœur ressuscité s'épanchait en adorations infinies.

Une voix intérieure lui disait : « Artiste, tu n'es plus un homme ; — tu aimes avec les yeux et ne peux plus t'éprendre que de formes et de couleurs : le monde où tu pouvais vivre s'appelle le Musée ; retournes-y, et va retrouver tes femmes de bronze et de marbre ; la Vénus grecque est plus belle que la comtesse Césarine, et sa beauté est éternelle. »

— Oh ! disait Antony en se frappant le front avec violence, voix sinistres, voix charmantes ! lesquelles de vous dois-je croire ?

— Aime, laisse-toi aimer, lui répondait chaque battement de son cœur.

A ce moment sonna à une horloge voisine l'heure à laquelle il attendait madame de Rouvres.

— Va-t-elle venir ? murmura Antony... Elle vient, ajouta-t-il en entendant un bruit de pas dans le corridor.

Deux coups discrètement frappés à la porte l'avertirent qu'il ne s'était pas trompé. — Il alla ouvrir.

C'était en effet madame de Rouvres.

— Vous m'avez écrit, et je suis venue, dit-elle

en entrant au jeune homme, d'une voix qui s'effor-
çait d'être tranquille.

— Que vous avez bien fait, madame ! répondit
Antony, en se perdant tout à coup et malgré lui
dans les banalités du madrigal, et que je me sens
d'orgueil et d'envie en vous voyant ici ; d'orgueil
surtout, si je songe combien ce bonheur que vous
me donnez doit faire de malheureux.

— De qui parlez-vous ? demanda la comtesse un
peu surprise.

— De ceux que vous quittez.

— Oh ! mon Dieu ! comment, j'ai une heure à
peine à passer près de vous, et voici que vous la
perdez à me dire des galanteries ; et non-seulement
vous en dites, mais encore vous en faites, ajouta la
comtesse en montrant deux bouquets de camellias
qui fleurissaient dans de grands vases posés sur la
cheminée.

— Je sais combien vous aimez ces fleurs. Et puis,
vous le savez, madame, reprit Antony, de tout
temps les fleurs ont été un emblème de fête, et
pour moi c'en est une aujourd'hui.

— Mon Dieu, comme votre chambre est obscure !
dit tout à coup la jeune femme, allumez donc une
seconde bougie... Et maintenant ajouta-t-elle en

retirant son mantelet, sous lequel apparaissait une charmante toilette de bal, — maintenant, regardez-moi, — suis-je belle?

— Oh! oui, vous êtes belle, bien belle; et je songe combien mon amour a dû rencontrer de rivaux dans ce monde d'où vous sortez.

— Eh bien, vous vous trompez, — car je sors de chez moi, et toute cette belle toilette a été entièrement faite pour vous : de façon que, si vous ne m'admirez pas, j'en serai pour mes frais de coquetterie.

— Quoi! c'est pour moi, vraiment pour moi seul, que vous êtes venue ainsi?

— Oui, je savais contenter un de vos caprices.

— Et vous avez réalisé un de mes rêves, madame. Souvent, dans la solitude de mon travail, brisé autant par la fatigue que par le découragement de l'esprit, il m'est arrivé de m'asseoir à cette place où vous êtes, et d'y rester plongé dans ce fiévreux sommeil qui suit les longues insomnies. Alors, madame, — Dieu, qui me faisait la réalité si aride, voulait me récompenser en m'ouvrant les magiques palais des rêves : alors un immense horizon de chimères se déroulait devant moi, et mon esprit le parcourait avec la rapidité du désir et les ailes de

la folie. Si je vous disais tout ce que j'ai ressenti,
tout ce que j'ai été pendant ces heures de délire en-
dormi, vous ne me croiriez pas, ou vous me pren-
driez pour un insensé. — Sur les plus hauts som-
mets qui dominent le monde, je me suis vu assis
côte à côte avec les hommes si grands par leur gé-
nie, que la foule les prend pour des dieux, et mon
nom obscur entre les ignorés, je l'ai entendu répé-
ter mille fois par les mille fanfares de la renommée.
Mais au-dessus de mes rêves de gloire, — comme
l'azur au-dessus des nuages, — planait l'amour
d'une femme que je voyais ainsi que je vous vois, si
richement parée, que sa présence m'éblouissait,
comme si elle eût été vêtue de rayons, et, en la
voyant me sourire et m'appeler à elle, quand je
m'élançais pour mettre à ses pieds ma couronne de
gloire et ma couronne d'amour, je me heurtais à
cette table, et je me retrouvais seul au milieu de ce
que la réalité étalait ironiquement à mes yeux encore éblouis de la splendeur de mon rêve. Pourtant,
un jour, Dieu me prit en pitié, et vous envoya vers
moi ; et voici à cette heure que la plus belle partie
de mes songes est devenue une réalité. Mais, voyez,
une chose étrange, maintenant que cela est vrai,
car vous êtes bien chez moi, près de moi ; — votre

présence répand dans ce lieu obscur un tel rayon-
nement ; vous ressemblez tellement à cette belle
apparition, que je me prends à trembler et que je
n'ose pas m'approcher de vous pour toucher un pli
de votre robe , — tant j'ai peur de rencontrer le
vide sous ma main et de me retrouver seul, plus
misérable et plus désolé que jamais. — Enfin, j'ai
peur que la vérité ne soit comme les autres fois un
mensonge.

— Non, Antony, répondit la comtesse, ce qu'il
faut oublier comme un mauvais songe, c'est le
passé mauvais que vous avez laissé derrière vous, et
que je veux vous faire oublier. — Surtout, je vous
en prie, ne retombez plus dans vos tristesses accou-
tumées : la tristesse est une mauvaise muse, ne la
recherchez plus, ami, et n'en faites pas votre seule
inspiration ; son chant est doux, je le sais, et vous
l'aimez, vous autres artistes, poëtes et rêveurs : —
vous l'aimez tant, que vous la recherchez quand elle
vous quitte.

— Oh ! dit Antony, emporté cette fois bien réel-
lement par un lyrisme qu'il n'avait pu atteindre en
commençant, — la tristesse suit la douleur, elle est
sa sœur plaintive et fidèle. Tout le temps que j'ai
souffert, elle est demeurée à mon côté. — Mais le

bonheur est entré ici avec vous. — Vous me le
laisserez en partant, et la tristesse quittera mon
chevet en me faisant un éternel adieu.

— Quand vous me dites ces choses, répondit la
comtesse, la voix sévère qui me blâme d'être ici,
— je ne l'entends plus, et tout se tait dans mon
cœur pour vous écouter parler. — Oh! redites-moi
cela, que sans moi vous souffririez encore, et je
m'applaudirai de mon amour comme d'une bonne
action; et, comme on ne rougit pas d'une bonne action, je l'avouerai hautement devant tous s'il le
faut; et, si l'on m'accuse encore, je demanderai à
Dieu à quoi bon la douleur, si la consolation est un
crime.

— Ah! s'écria Antony, en serrant la main de la
jeune femme dans les siennes; — l'âme où l'amour
manque est incomplète, et voici que votre amour
remplit mon âme de toutes les joies du ciel. —
Maintenant je ne suis plus le même : — Vous m'a-
vez recréé. — Patience! — Je n'ai pas renoncé à
mon rêve. Le talent devient fort, doublé par une
grande passion, et je ne renonce pas à ma couronne, et peut-être qu'un jour tout ce que vous me
donnez en amour, je vous le payerai en gloire. —
Mais il faut m'aimer, et venir ici me le dire souvent.

— Oh! si je pouvais, — souvent ne serait pas assez, ce serait toujours. Mais, dit la comtesse en tressaillant, voici l'heure.

— Déjà, murmura Antony, — c'est bien là le bonheur : — lent à venir, prompt à fuir.

— Je reviendrai, dit la jeune femme.

— Vous reviendrez, oui; mais, quand vous allez être partie, quand je ne pourrai plus vous entendre ni vous voir, comme je vous le disais tout à l'heure, je vais croire encore...

— Que c'était un rêve, dit la comtesse.

— J'y ai été si souvent trompé.

— Mon Dieu! que faut-il donc pour vous convaincre que je ne suis pas un fantôme? Ah! fit madame de Rouvres en détachant le bouquet qu'elle portait à son corsage, je vous laisse une preuve de mon passage ici; êtes-vous content?

— Ah! répondit Antony, je n'osais pas le demander.

— Il fallait le prendre. Mais, ajoute la comtesse en souriant, ce n'est pas un don; en échange de mes fleurs j'emporte les vôtres.

Et elle prit l'un des bouquets de camellias qui étaient sur la cheminée.

— Vous partez?

— Oui, et bien heureuse de vous laisser heureux, et demain je reviendrai peut-être plus heureuse encore; car demain...

— Demain?... demanda Antony.

— Vous ne saurez rien de plus ce soir, dit la comtesse. Je vous défends de m'accompagner.

Elle sortit.

— Oh! dit Antony quand il fut seul, c'est bien vrai que je l'aime!

En rentrant chez elle, madame de Rouvres trouva M. de Neuil, qui l'attendait.

— Eh bien! dit-il en la voyant... je parie que vous ne venez pas du bal?...

— Oh! mon oncle, fit la comtesse en rougissant, comme je l'aime!

— Oui, mon enfant; mais il se fait temps de terminer toute cette poésie-là par de la bonne prose de notaire, et j'y vais songer. Bonsoir.

— Ah! dit madame de Rouvres, je ferai tendre mon boudoir blanc en rose.

IX

LE MARIAGE

Maintenant, mettons un habit noir et des gants
blancs; nous allons à la noce.

Un matin, tout Paris, c'est-à-dire cette portion de
la société parisienne qui, en se serrant un peu, tient
dans la salle Ventadour, et, en se serrant beaucoup,
dans le salon de M. tel ou tel, trouva à son réveil un
billet de faire part ainsi conçu :

« M. le comte Antony de Sylvers a l'honneur de
vous faire part de son mariage avec madame Césarine de Rouvres, et vous prie d'assister à la béné-
diction nuptiale, qui sera donnée demain en l'église
Saint-Thomas-d'Aquin. »

Ce mariage paraissait à tout le monde quelque
chose de si monstrueusement fabuleux, que, malgré

l'annonce officielle qui en était faite, beaucoup de personnes le mirent en doute et attendirent la célébration de la cérémonie pour se rendre à l'évidence.

Pendant toute la journée qui précéda celle du mariage d'Antony et de Césarine, toute la société aristocratique fut en émoi; ce n'étaient partout que points d'interrogation et points d'exclamation.

— Savez-vous la nouvelle?

— Avez-vous reçu le billet de faire part?

— Oui — Ah bah! — Grand Dieu! — Que me dites-vous? — Qui l'aurait cru? etc.

Et ainsi partout. Les noms des futurs étaient dans toutes les bouches. Tout fut mis en oubli pour s'occuper d'eux. Enfin, jamais événement extraordinaire, tombé subitement du haut de l'impossible, n'avait causé stupéfaction plus profonde.

Le lendemain, quand arriva l'heure fixée pour la cérémonie, les invités se rendirent à l'église où la consécration religieuse devait avoir lieu; à midi les époux arrivèrent, suivis de leurs témoins et de leurs parents. En tête marchait M. de Neuil, l'air plein de superbe, marchant la tête haute, et jetant sur toute l'assemblée un magnifique regard de triomphe. En ce moment le bon vieillard avait l'attitude d'un auteur qui, malgré la cabale du public et le mauvais jeu de ses acteurs, voit enfin réussir sa pièce.

Raisonnablement, cette fois, le doute n'était plus permis ; on ne pouvait plus admettre, comme l'avaient fait quelques obstinés, une erreur de noms. L'identité était bien prouvée : c'étaient bien M. le comte Antony de Sylvers et madame Césarine de Rouvres qui venaient renouveler, devant le prêtre représentant Dieu, le serment qu'ils avaient déjà fait devant le magistrat représentant la loi.

C'était impossible, mais c'était vrai.

Le fait accompli, la foule qui venait d'y assister s'occupa à rechercher, en observant l'attitude des deux époux, quel concours de circonstances avait donné lieu à cette union, que personne ne voulait considérer comme un mariage d'amour et encore moins comme un mariage de raison. Pendant tout le temps que dura la messe nuptiale, les assistants, ou plutôt les spectateurs, ne cessèrent point d'observer la physionomie des mariés et de ceux qui les accompagnaient, afin de surprendre un geste, un regard ou n'importe quel détail isolé capable de les mettre sur la trace de cette étrange énigme qui venait de leur être proposée si à l'imprévu.

12

Cependant, quelque attention qu'on fit, il ne fut pas possible de surprendre aucun indice sur lequel on pût asseoir une supposition. Ce mariage ressemblait absolument à toutes les cérémonies de ce genre, où un homme, habillé de noir des pieds à la tête, donne la main à une femme vêtue de blanc de la tête aux pieds. Car, par une audacieuse dérogation à l'usage établi pour les veuves, madame Césarine, sauf le bouquet virginal, qui avait été remplacé par des camellias, portait la blanche toilette des mariées.

Vainement on chercha à deviner sur le visage des nouveaux époux les impressions qu'ils ressentaient en ce moment solennel. Tous deux, agenouillés l'un près de l'autre, semblaient pétrifiés par le sacrement, et ne bougeaient non plus que des statues. Quant aux parents et aux quelques amis intimes rassemblés dans le chœur, ils avaient tous à peu près une physionomie de circonstance. C'étaient, dans une classe choisie, des figurants d'hyménée, les mêmes qu'on voit faire cortége à tous les mariages, et qui semblent être la contre-épreuve de ces personnages condoléants qu'on voit à la suite des enterrements.

Encore une fois, c'était un mariage très ordi-

naire, et les nombreux curieux qui étaient venus y
assister durent s'en retourner sans savoir quelles
étaient les causes mystérieuses qui l'avaient déter-
miné.

X

LE POST-SCRIPTUM D'UN CONTRAT DE MARIAGE

La lune de miel des deux époux dura deux ans.

Un jour, dans les feuillets d'un roman que lisait
sa femme, Antony trouva la lettre que son ami Antoine lui avait adressée la veille de son départ.

« Pourquoi ma femme a-t-elle conservé cette
lettre ? » se demanda-t-il. Et il la mit sous enveloppe
et la renvoya à Antoine, qui était alors médecin
dans une ville de province. Huit jours après, An-

tony reçut du docteur Antoine un paquet dans lequel se trouvaient plusieurs lettres de la comtesse de Sylvers. Elles étaient toutes de dates postérieures à son mariage et signées seulement : CÉSARINE.

— Allons, dit Antony, voici ma dernière illusion qui est morte ; au moins celle-là a vécu deux ans !

1845.

FIN.

TABLE

—

BIBLIOTHÈQUE DES VOYAGEURS

—

PARIS. — TYP. SIMON RAÇON ET Cᵉ, RUE D'ERFURTH, 1.

BIBLIOTHÈQUE DES VOYAGEURS

à 1 franc le volume

PARIS. — IMP. SIMON RAÇON ET COMP., RUE D'ERFURTH, 1.

www.ingramcontent.com/pod-product-compliance
Lightning Source LLC
Chambersburg PA
CBHW060639100426
42744CB00008B/1692